Guylene Borgne

Sophrologie : Définitions, concepts, exercices pratiques

Guylene Borgne

Sophrologie : Définitions, concepts, exercices pratiques

Éditions Vie

Imprint
Any brand names and product names mentioned in this book are subject to trademark, brand or patent protection and are trademarks or registered trademarks of their respective holders. The use of brand names, product names, common names, trade names, product descriptions etc. even without a particular marking in this work is in no way to be construed to mean that such names may be regarded as unrestricted in respect of trademark and brand protection legislation and could thus be used by anyone.

Cover image: www.ingimage.com

Publisher:
Éditions Vie
is a trademark of
International Book Market Service Ltd., member of OmniScriptum Publishing Group
17 Meldrum Street, Beau Bassin 71504, Mauritius

Printed at: see last page
ISBN: 978-613-9-58837-4

SOPHROLOGIE

Définitions, Concepts
Exercices pratiques

Guylène BORGNE

EDITIONS – VIE

PREFACE

Je vais me présenter, je suis infirmière depuis 13 ans ½ où j'ai fait essentiellement de la chirurgie et j'ai été confrontée à la douleur des patients. J'ai fait un DU sur la prise en charge de la douleur.
La douleur peut être traiter par des moyens médicamenteux et non médicamenteux (exemple : poche de glace, kiné,..)
La douleur peut être physique et également psychologique, et quand on se focalise sur la douleur elle peut devenir plus intense, ce qui m'a amenée tout naturellement à devenir sophrologue/relaxologue pour le bien être tout d'abord personnel puis professionnel.

SOMMAIRE

QU'EST CE QUE LA SOPHROLOGIE ?

La sophrologie est l'étude des techniques permettant d'obtenir la sérénité de l'esprit c'est une technique de relaxation qui est basée sur la gestion de la pensée positive.

Elle a été mise au point par le docteur Alfonso Caycedo, neuropsychiatre d'origine espagnole, dans les années 1960.

Selon son créateur, la sophrologie est une science de la conscience humaine un art de vivre en harmonie avec soi-même, les autres et le monde qui nous entoure et une philosophie : la phénoménologie existentielle. La phénoménologie (du grec : *phainómenon*, « ce qui apparaît » ; et *lógos*, « étude ») est un courant philosophique qui se concentre sur l'étude des phénomènes, de l'*expérience vécue* et des contenus de conscience.

Le professeur Caycedo s'intéresse aux techniques thérapeutique, plutôt ce que c'est d'utiliser jusqu'à présent en milieu psychiatrique et découvre l'hypnose mais l'hypnose traditionnelle à ces limites.

J'appuie donc sur les états modifiés de la conscience et créer une nouvelle discipline: la sophrologie pour laquelle il emprunta la langue le grec trois racines:

1. *sos* : Harmony, tranquille, Serein
2. *Phren* : esprit, enveloppe, membrane d'un organe donc par extension par le cerveau, la conscience
3. *Logos* : science, étude

Les 3 principes de base sont :

- la prise de conscience de son corps

- se situer par rapport à l'autre aux autres et au monde
- et renforcer ce qui va bien et réactiver le bon en soi.

Les objectifs :

La sophrologie propose un ensemble de techniques destinées à mobiliser les capacités qui existent dans les structures fondamentales de tout traitement. Elle a pour but de dynamiser de façon positive les qualités des ressources de la personne. Elle permet également de développer de meilleure capacité d'adaptation aux différentes situations vécues et à vivre.

Voici concrètement une liste d'objectifs qui sont exprimées par les patients participants des sources de sophrologie :

- Retrouver le calme
- Développer la confiance en soi
- Développer la concentration
- Un mieux être
- Apprendre à se détendre, se recentrer
- Gérer le stress, canaliser son énergie.

La sophrologie s'inspire de penser orientale et occidentale comme le yoga, les techniques reichiennes, le zen.

Cette technique met le patient dans un état demi conscient qui se fait se concentrer par la voix du thérapeute. On utilise la pensée, la visualisation, la respiration et la détente du corps. Cerveau corps et muscles vont se détendre et lâcher prise.

LE LACHER PRISE

Mais qu'est-ce que la conscience et le lâcher prise ?

A- La conscience

La conscience (selon le Larousse) est la connaissance intuitive ou réflexive immédiate, que chacun a de son existence et de celle du monde extérieur.

Il existe plusieurs types de conscience :

- La conscience comme phénomène mentale lié à la perception et la manipulation intentionnel de représentation mentale qui comprend :

1. La conscience du monde qui est en relation avec la perception du monde extérieur, des êtres vivants doués au nom de conscience dans l'environnement et dans la société (autrui)
2. La conscience de soi et de ce qui se passe dans l'esprit d'un individu : perception interne (corps propre) aspect de cette personnalité et de ses actes (identité de soi, opération cognitive, attitudes propositionnelles)

- La conscience morale, respect de règles d'éthique.

Le terme *conscience* est par conséquent susceptible de prendre plusieurs significations, selon le contexte.

B- Le lâcher prise

Le lâcher prise est un mot bien répandu, et que beaucoup disent facilement mais que veut-il dire vraiment ? C'est se détacher, s'abandonner ; c'est bien différent du contrôle de soi, de sa vie personnelle, de ses émotions et de notre entourage. Le lâcher prise, c'est un peu comme quand on cherche obstinément quelque chose et qu'on ne le trouve pas, il suffit de passer à autre chose pour le retrouver. En passant à autre chose, mais ça vous fait émerger des solutions.

Plusieurs étapes sont nécessaires ou lâcher prise :

La première étape du lâcher prise est de distinguer ce que nous pouvons contrôler et ce que nous ne pouvons pas contrôler.

La deuxième étape regard de prendre conscience de nos émotions mais aussi de l'absurdité du contrôle que nous cherchons exercé ce que nous ne pouvons ni changer ni influencer, et surtout de la perte d'énergie que représente cet acharnement.

La troisième étape consiste à dire stop aux idées émotions négatives. Est-ce bien pour toi d'être toujours en colère, dans la peur ou stressé ? Seul vous, pouvez répondre à cette question et cela ne vous rabaisse" pas, bien au contraire, cela permet d'accepter votre faiblesse et de rebondir et de s'améliorer.

Lâcher prise, c'est avant tout accepter nos limites mais c'est aussi reconnaître l'autre en tant qu'être différent dans ce qu'il pense, ce qu'il vit, dans ses réactions et ses ressentis.

S'interroger permet le raisonnement et non l'impulsivité qui n'est souvent pas la meilleure solution.

Cette étape est importante car elle sait ce cet état d'échec notre confiance en soi et nous donne de recul pour changer notre comportement et le transformer en pensée positive.

Il faut savoir s'accorder du temps pour soi et ce n'est pas la chose la plus facile.

Beaucoup de patients que je vois au cabinet me le disent :" on ne trouve pas assez de temps ou on ne prend pas le temps à…"," je m'occupe de mes enfants, de la maison, etc…mais pas de moi"

POUR QUI ET POUR QUOI ?

La sophrologie peut convenir de 6 à 99 ans. Pour les enfants les séances sont moins longues. Et de nombreux corps de métier utilise la technique de d'Aman les sages-femmes, kinésithérapeute, etc….

La sophrologie traite différentes problématiques. Les indications de la sophrologie sont multiples. Il existe:

- une partie clinique ou thérapeutique
Elle permet d'accepter, de mieux supporter voir de réduire les symptômes des maladies les plus bénigne au plus grave : l'asthme, trop de tension artérielle, des problèmes de poids, de comportement alimentaire, la douleur liée à l'accouchement, une maladie une opération, dans les domaines de la gériatrie, de l'immunologie, de la chirurgie, de la psychiatrie, réconforter est soulagé en soins palliatifs et même pour aider dans les dépressions

- La partie de la vie quotidienne, le social
La sophrologie permet de mieux gérer le stress de la vie quotidienne, de lutter contre le dépendance alcool drogues un, d'éliminer les trous du sommeil, les phobies, les angoisses, d'appréhender de faire face aux événements de la vie licenciement divorce se retrouve un équilibre émotionnel la confiance en soi voir la vie sous un autre angle que positif

- Une partie qui est appelée branche pédagogique :

Elle s'applique aux sportifs pour la préparation mentale au compétition sportive, pour la récupération, mais surtout aux enfants et jeunes adultes dans le domaine éducatif pour surmonter les difficultés scolaires ou des troubles de comportement énurésie agitation agressivité passer un examen construire un projet de vie améliorer de trouve de la communication.

Par contre elle est contre-indiquée en cas de problème mental, psychose chronique et schizophrénie,…

COMMENT SE DÉROULE UNE SÉANCE ?

La première séance se déroule par un entretien, un échange sur les attentes du patient, de ce qu'il souhaite, on évoque leurs problématiques.
À la fin de l'entretien je leur propose différentes séances à faire et avec leur accord nous programmons les séances.
Il faut une semaine entre chaque séance pour que le corps assimile ce qui a été fait et que le patient fasse les exercices que le professionnel lui donneras à faire pour que cela devienne un automatisme comme par exemple faire des exercices de respiration mais pas n'importe comment (nous le verrons un peu plus tard) au moment du coucher pour les personnes ayant des troubles du sommeil.
A force de faire ses exercices, cela deviendra un automatisme pour l'organisme mais il faut être assidu.

Les autres séances commencent par des exercices de respiration puis des mouvements de décontraction du corps. En général en position debout pour bien s’ancrer dans le sol et être dans une bonne posture pour bien respirer car assis le diaphragme et la respiration se fait moins bien de ce fait. Puis le patient s'allonge où s'assoit selon son souhait, le but étant qu'il soit dans une position confortable pour qu'il puisse se détendre. Il peut se mettre allongé sur le côté, sur le dos, avec un coussin sous ses genoux ou sous sa tête, aux pieds, avec ou sans couverture. Il faut qu'il soit bien.

Puis par ma voix je vais lui faire prendre conscience de son corps par la respiration puis par détendre une par une chaque zone de son corps de la tête en passant par le cou, les épaules, le bassin, les jambes, des pieds, du thorax, pour avoir une respiration calme et que son esprit vagabond et qu'il soit dans un état de semi conscience.

Ma voix le guide pour le faire travailler inconsciemment sur la problématique qu'il est venu soulever.
Puis vient la phase de désophronisation, où on reprend « ici et maintenant » conscience de ce qui nous entoure, on reprend contact avec la réalité.

Je fais boire de l'eau à mes patients après la séance pour bien éliminer les toxines pouvant être sécréter pendant la relaxation. Les séances dure 45 minutes à 1h, il faut en général plusieurs séances. Et chaque séance va être différente pour avoir une approche différente de la problématique de base et selon comment s'est passé la séance précédente : comment le patient s'est senti ? est-ce qu'il a pu « lâcher prise » (*nous le verrons dans un autre chapitre*) ou pas ? est-ce qu'il a de l'amélioration dans sa vie de tous les jours ? etc….
Les séances sont vraiment adaptées à chaque personne, elles sont personnalisables et c'est tant mieux car on ne va pas réagir de la même façon selon l'âge le sexe et le vécu personnel de chacun.
Je pratique les séances au cabinet mais aussi au domicile des patients notamment pour les personnes à mobilité réduite ou n'ayant pas de

moyens de locomotion. Mais l'idéal reste quand même un endroit neutre donc extérieur au domicile pour le patient pour qu'il se « déconnecte ». Sinon il doit aménager le temps de la séance une pièce calme, être seul chez lui pour pas de bruit.

QUELQUES EXERCICES POUR SE DETENDRE

Je rappelle que les exercices que je vous propose sont d'ordre général, peut-être ne fonctionnera pas du premier coup car tout dépend de ce que vous rechercher, et qu'il n'y a qu'un thérapeute de visu qui peut adapter les séances.

En position allongée

1er exercice

Dans un premier temps il y a de relaxation simple. C'est un exercice qui permet de se détendre et de retrouver le tonus.
Cela demande en général 15 à 20 minutes.
Et il y a une phase d'exercice et une phase de reprise de conscience du monde qui vous entoure.

Fermer portes et fenêtres pour éviter le bruit extérieur.
Pensez à éteindre votre téléphone fixe ou portable.
Allongez-vous confortablement.
Fermez les yeux.
Inspirer et expirer profondément.
Détendez votre front, vos yeux, vos joues, desserrer les dents, éliminer les moins de rides.
Tout en continuant à inspirer et expirer profondément, laisser aller vos épaules, baisser vos épaules et détendez les muscles de vos bras, les muscles de vos épaules, de votre code jusqu'au bout des doigts.

Votre respiration se fait calme détendu.
Relâchez votre ventre, votre thorax.
Vous allez ensuite relâcher vos jambes, les muscles de vos cuisses, de vos genoux, de vos mollets, de vos chevilles jusqu'aux orteils.
Votre corps est à présent entièrement détendu. Laissez votre cerveau voyager vers des images positives, ressentez la chaleur, le bien-être, laisser aller les images avec de belles couleurs, laisser aller les sons agréables.
Imaginez une situation, un endroit dans lequel vous sentez bien, en sécurité.

Après quelques minutes, vous allez vous faire à l'idée de la reprise, de reprendre conscience de tout ce qui vous entoure. Garder en mémoire vos images positives, inspirer profondément plusieurs fois.
Inspirez par le nez et expirer doucement par la bouche. Le faire trois fois.
Votre respiration va redevenir régulière.
Commencer à bouger vos mains et vos orteils pour diffuser ces énergies positives.

2ème exercice qui peut être simple à faire après une journée de travail, elle permet de retrouver le tonus après une dure journée :

Allongez-vous confortablement les yeux ouverts ou fermés selon votre choix. Détendez votre corps en prenant des inspirations et des expirations profondes. Faites-le plusieurs fois.

Mettez vos mains sur votre vente ou votre diaphragme.

Vous allez doucement inspiré par le nez puis expirer doucement par la bouche. Faites cet exercice une dizaine de fois.

Vos mains sur votre au diaphragme ou sur votre ventre, vous guide pour le souffle.

Inspirez en gonflant le ventre et souffler en dégonflant le ventre.

Pour la reprise de conscience, il suffit juste de revenir à une respiration plus normale, pensez à vous étirer et à bâiller et quand vous vous sentez prête vous commencez à vous asseoir tout doucement. Et quand vous le souhaitez, vous vous relever toujours lentement.

En position debout

1er exercice

Vous avez vu une position de relaxation simple allongé mais vous pouvez également en faire debout (ou même assis sur une chaise)

Vous vous placez debout les jambes légèrement écartées.
N'écartez pas plus loin que votre largeur de bassin.
Trouver votre équilibre.
Vous descendez les mêmes muscles en position allongée mais pensez bien à détendre/à laisser tomber vos bras et vos mains.
Laissez votre cerveau voyager vers des images positives, ressentez la chaleur, le bien-être, laisser aller les images avec des belles couleurs, laisser aller et son agréable.
Imaginer une situation, un endroit dans lequel vous sentez bien, en sécurité.

La reprise de conscience se fait également comme la relaxation de respiration simple c'est-à-dire laisser s'envoler vos images positives, inspirer profondément plusieurs fois. Inspirer et expirer doucement pas la bouche. Le faire trois fois. Votre respiration va revenir régulière. Commencer à bouger vos mains et vos orteils pour diffuser ses énergies positives.

2ème exercice : pour détendre les muscles du cou

Mettez-vous debout, vos pieds légèrement écartés.

Relâcher votre corps

Fermez les yeux si vous le souhaitez.

Vous allez tourner la tête sur les côtés comme si vous vouliez dire non.

Quand vous tourner la tête à droite ou à gauche inspirer et souffler doucement, lentement.

Puis vous allez faire l'exercice comme pour redire oui.

Vous lever et vous baisser la tête, tout en inspirant quand vous levez la tête et expirer quand la tête est en bas.

Renouveler ceci une dizaine de fois.

Pour la reprise vous respirez normalement, vous vous étirez et vous ouvrez les yeux.

En position assise

1er exercice

Cela dure environ 20 minutes.

Installez-vous sur une chaise ou votre fauteuil.

Adossez-vous.

Fermez les yeux.

Maintenez vos pieds ancrés dans le sol.

Prenez une grande inspiration et une grande expiration.

Relâcher la tête, les épaules, les bras, les hanches, les pieds.

Maintenant la respiration se fait calme, détendu.

Laissez votre cerveau voyager, laissez entrer les images positives, les sons agréables, les belles couleurs.

Après quelques temps, vous allez vous faire à l'idée de la reprise, de reprendre conscience de tout ce qui vous entoure.

Garder en mémoire vos images positives, inspirer profondément plusieurs fois. Inspirez par le nez et expirer doucement par la bouche.

Le faire trois fois.

Votre respiration va redevenir régulière.

Commencez à bouger vos mains et vos orteils pour diffuser ses énergies positives.

2ème exercice

A faire tous les jours, en position assise, où que vous soyez (par exemple avant de travailler) :

Soyez calme.
Juste pour un moment.
Écoutez le monde autour de vous.
Sentez votre respiration aller et venir.
Écoutez vos pensées.
Prêtez attention aux détails de ce qui vous entoure.
Soyez en paix avec le fait d'être calme.
Prenez un moment pour être calme.
Ne penser pas à ce que vous avez à faire, où ce que vous avez déjà fait.
Soyez juste dans le moment présent.
Puis, après une minute ou deux à faire cela, contempler votre vie, et comment vous aimeriez qu'elle soit. Voyez votre vie avec moins de mouvement, moins de choses à faire, moins de précipitation. Voyez là avec plus de calme, plus de contemplation, plus de paix.
Puis soyez cette vision.

C'est assez simple, en fait : tout ce que vous avez à faire est de vous asseoir calmement un petit peu chaque jour. Une fois que vous êtes habitués à cela, essayez de faire cela quotidiennement. Respirer quand vous sentez que vous allez trop vite. Ralentissez. Soyez présent.

Trouver le bonheur maintenant, dans le moment, au lieu d'attendre qu'il vienne.

AUTRES EXERCICES

D'autres exemples d'exercices autres que la détente existe :

➔ La gestion de la douleur physique :

Position à faire assise en vous adossant confortablement.
Fermez les yeux.
Détendez votre front, vos yeux, vos joues, desserrer les dents.
Tout en continuant à inspirer et expirer profondément, laisser-aller vos épaules, baisser vos épaules et détendez les muscles de vos bras, les muscles de vos épaules, de votre compte jusqu'au bout des doigts.
Votre respiration se fait calme et détendu.
Relâcher votre ventre, votre au thorax.
Vous allez ensuite relâcher vos jambes, les muscles de vos cuisses, de vos genoux, de vos mollets, de vos chevilles jusqu'aux orteils.
Votre corps est à présent entièrement détendu.
Maintenant vous allez inspirer avec le ventre qui se gonfle, et vous allez expirer et le ventre se dégonfle.
Faites le plusieurs fois.
Visualisez la zone du corps douloureuse et en inspirant et comme vous venez de le faire juste avant, les muscles se détendent.
Ressentez ce bien-être, cette détente de votre corps.

➔La gestion de l'agressivité

Mettez-vous debout, jambes légèrement écartées.
Inspirer profondément.
À l'inspiration, plier votre bras comme si vous armiez votre bras et maintenez une tension.
A l'expiration, lever le bras pour le projeter comme un poing fermé et en projetant ce point, laisser échapper un cri ou un gros soupir.
Faites-le par un bras puis l'autre puis les deux bras.

Pour la reprise, le retour au calme, respirer et étirez vous.

→ Pour trouver le sommeil ou vous aider à vous endormir plus facilement

Quand vous êtes allongé dans votre lit, prêt à vouloir dormir :
Fermez vos yeux et prenez une grande inspiration et une grande expiration.
Faites le plusieurs fois.
Puis prenez une inspiration calme, bloquée 3/4 seconde, expirer le plus longtemps possible.
Faites le 4 à 5 fois et en général, le sommeil arrive petit à petit.

→ Pour la gestion du poids

Exercice qui va nécessiter de visualiser ce que nous sommes et ce que nous voulons :

Fermez vos yeux.

Inspirer et expirer en respirant profondément.

Visualiser votre corps d'aujourd'hui.

Visualiser votre poids en chiffre.

Par la pensée, une fois ce poids visualiser, celui que vous ne souhaitez plus, vous allez l'enfouir dans un sac.

Creuser un trou dans le sol.

Déposer le sac dans ce trou.

Recouvrir par la terre, puis l'enfouir le plus profondément possible dans le sol. Celui-ci va s'enfuir très très loin dans le sol et disparaître de vous.

Vous vous sentez plus légère et plus libre par rapport à ce chiffre.

Visualiser le chiffre maintenant que vous souhaitez.

Laisser le côté positif vous envahir par les belles couleurs, les sons agréables, etc….

CONCLUSION

D'autres exercices bien entendu existent et qui sont propres après à chaque situation que nous rencontrons en consultation. Et il est nécessaire de faire plusieurs séances pour chaque problème rencontré. Oui c'est exercice demande un peu de temps mais il faut savoir prendre du temps pour soi, de se poser, car le fait de pouvoir prendre le temps pour soi permet d'avoir plus énergie, plus de confiance en soi pour pouvoir prendre les choses du bon côté et pouvoir apprécier des choses qui nous entoure. Il existe des plaisirs simples comme prendre une douche relaxante, marcher pied nu, manger du chocolat, faire à manger si nous aimons cuisiner, faire du sport, regarder la mer, aller se promener, faire une longue marche, lire, etc… tant de choses simples qui nous permet de nous sentir beaucoup mieux tant que cela reste agréable pour vous. Pour ces moments de détente quand vous le faites tout seul, imposer vous un jour et une heure dans votre planning pour être sûr de pouvoir faire ses exercices. Expliquer à votre entourage que vous avez besoin de ce temps car la communication est aussi essentiel.

Citation Du Tao Te Ching :

Il n'est pas sage de la presser.

Raccourcir la respiration cause beaucoup de stress.

Utiliser trop d'énergie, et vous serez bientôt épuisé.

Ce n'est pas la Voie Naturelle.

Quel que soit ce qui se met en travers de cette Voie

ne durera pas longtemps.

« Le plus grand secret pour le bonheur, c'est d'être bien avec soir »

Bernard FONTENELLE

« Je choisis de prendre mon bien-être en urgence au lieu de mon mal en patience »

Inconnu

« Le plaisir se ramasse
La joie se cueille
Le bonheur se cultive »

Bouddha

« Apprenez à entrer en contact avec le silence à l'intérieur de vous-même »

Elisabeth Kubler-Ross

« Nous ne vivons en fait qu'une infime partie de notre vie. Le reste à vrai dire n'est pas de la vie, mais simplement du temps »

Sénèque

NE REMETTEZ PAS VOTRE BONHEUR A PLUS TARD, VOTRE VIE SE VIT ICI ET MAINTENANT

Moi-même

(Mon petit moment de détente à moi)

Printed by Books on Demand GmbH, Norderstedt / Germany